Hanna Tischer
DEIN KÖNIG KOMMT

Hanna Tischer

Dein König kommt

Eine adventliche Geschichte
Für Kinder und Erwachsene

cap-books

Bestell-Nr.: 52 50446
ISBN 978-3-86773-206-2

Alle Rechte vorbehalten
© 2014 by cap-books/cap-music
Oberer Garten 8
D-72221 Haiterbach-Beihingen
07456-9393-0
info@cap-music.de
www.cap-music.de

Lektorat: Bea Zucker
Umschlaggestaltung: Jan Henkel
Buchsatz: Nils Großbach

Inhaltsverzeichnis

Erster Advent – Erdenadvent 7

Zweiter Advent – Herzensadvent 25

Dritter Advent – Brautadvent 43

Vierter Advent – Königsadvent 65

Erster Advent

Erdenadvent

Fröstelnd trat Elisabeth von einem Bein auf das andere. Die Hände hatte sie tief in den Taschen ihres viel zu klein gewordenen Mantels vergraben; in der Faust hielt sie fest die Leine des Schlittens, den zu bewachen ihr großer Bruder Johann ihr aufgetragen hatte. Doch ihre Augen strahlten, während sie den vor ihren Füßen tollenden Spitz der Gutsleute beobachtete.

Elisabeth ging um den Schlitten herum und warf einen Blick durch das halb offen stehende Tor über den Hof hin zum Eingang des Herrenhauses. Johann war noch nicht in Sicht. Es würde wohl heute wieder etwas länger dauern. Elisabeth war stolz auf ihren großen Bruder. Zwar war auch er erst sieben Jahre alt, und doch durfte er für den Gutsherrn bereits kleine Botengänge erledigen und so für die Familie ein klein wenig dazu verdienen.

Den letzten Winter hatten sie alle noch zu Hause bei Großvater und Großmutter verbracht. O, wie Elisabeth die beiden vermisste! Zu ihrem fünften Geburtstag hatte Großvater für sie eine Schaukel gebaut und in den blühenden Kirschbaum gehängt. Doch genau an diesem Tag war Vater mit der schrecklichen Nachricht nach Hause gekommen.

„Wir müssen fort", hatte er gesagt, „und zwar diese Woche noch."

Mutter und die Großeltern waren erstaunlich ruhig geblieben, als hätten sie es geahnt. Tatsächlich hatte Elisabeth bereits seit Ausgang des Winters bei den Erwachsenen eine gewisse Bedrückung gespürt. Oft war sie still ins Zimmer der Großmutter geschlichen, hatte sie betend im Gespräch mit ihrem König vorgefunden. Elisabeth hatte sich still dazu gesetzt, Großmutter hatte den Arm um sie gelegt, ohne den Blick von ihrem Gebetbuch zu erheben, und dann hatte Elisabeth den vertrauten Worten gelauscht, die Großmutter neuerdings mit besonderer Inbrunst auszusprechen schien.

„Unser Vater, unser König,
wir haben keinen König außer Dir.
Unser Vater, unser König,
mache die Gedanken unserer Hasser zunichte und
vereitle den Rat unsrer Feinde.
Unser Vater, unser König,
vernichte Pest, Schwert, Hunger, Gefangenschaft und
Verderben für die Kinder Deines Bundes.
Unser Vater, unser König,
lass bald Hilfe für uns sprießen.
Unser Vater, unser König, tue es um Deiner großen
Barmherzigkeit willen und erlöse uns."[1]

---

1 Aus dem „Avinu Malkenu"-Gebet im jüdischen Gebetbuch

Doch nach dem Gebet hatte Großmutter sich stets mit einem Lächeln zu ihrer Enkelin gewandt:
„Was auch geschieht, Elisabeth, vergiss nie, dass du eine Tochter des Königs bist."

Und dann hatten sie zusammen gesungen:

> *Befiehl du deine Wege*
> *und was dein Herze kränkt,*
> *der allertreusten Pflege*
> *des, der den Himmel lenkt.*
> *Der Wolken, Luft und Winden*
> *gibt Wege, Lauf und Bahn,*
> *der wird auch Wege finden,*
> *da dein Fuß gehen kann.*[2]

Die Eltern hatten nicht viel darüber gesprochen, warum Vater seine Anstellung als Musiker verloren hatte. Wenn die Kinder danach gefragt hatten, lautete die Antwort meist: „Weil wir Kinder des Königs sind und zu seinem Volk gehören. Aber genau deshalb wird er auch weiter für uns sorgen."

So waren sie vom Gebirge hinunter an den Fluss gezogen, hatten hier ein paar Tage, dort einige Wochen gelebt, doch nirgends hatten sie bleiben können. Immer weiter nach Norden waren sie gezogen.

Als die Tage bereits begannen, kürzer zu werden, hatten eines Abends die Eltern ihre vier Kinder in den Arm genommen und feierlich erklärt: „Unser

---

[2] Erste Strophe des gleichnamigen Liedes von Paul Gerhardt (1607-1676)

König ist gut! Unsere Väter brachte er nach der langen Wüstenwanderung in das verheißene Land, wo sie wohnen und bleiben konnten. Und auch uns schenkt er nun einen Ort, wo wir wohnen und bleiben können."

Dann berichteten sie von den Gutsleuten, die ebenfalls Kinder des Königs seien und die dem Vater nicht weit von hier eine Stelle als Stadtmusikus verschafft hatten.

Bald darauf war die Familie hier im Städtchen eingezogen, noch rechtzeitig bevor Elisabeths jüngste Schwester geboren wurde. Noch sah es recht dürftig aus in der neuen Wohnung, und doch war das Haus von Dank über das Not wendende Eingreifen des Königs erfüllt. Immer wieder erlebten sie seine Gunst. Manchen Hausrat hatten sie geschenkt bekommen, manche Hilfe erfahren. Das schönste Geschenk jedoch war, andere Kinder des Königs hier zu finden, mit denen sie ihre Liebe zu Ihm und ihr Leben teilen konnten.

Nicht alle hatten sie freundlich aufgenommen. Besonders ihre unmittelbaren Nachbarn, eine Kaufmannsfamilie, zeigten sich sehr verschlossen und abweisend. Sie hatten Kinder im gleichen Alter, doch denen war es verboten, mit den neuen Nachbarn zu spielen. Auch sie erwarteten Familienzuwachs, doch war eine Begegnung der beiden Frauen bisher nicht zustande gekommen, so sehr Elisabeths Mutter sich auch darum bemüht hatte.

Plötzlich wurde das Mädchen durch Hufgetrappel aus seinen Gedanken gerissen. Der Postschlitten näherte sich auf der Landstraße! Elisabeth zog die Hand aus der Tasche, um dem Kutscher zu winken, der jedoch hielt direkt vor ihr.

„Fräulein Ellinger", er beugte sich zu ihr hinunter, „würden Sie das hier bitte mit nach Hause nehmen?"

Er reichte Elisabeth einen Stapel Briefe. „Für meinen Papa?", fragte Elisabeth.

„Für euch alle", antwortete der Postkutscher. „Für dich ist auch einer dabei."

Mit diesen Worten stieg er ab, um die Post für den Gutshof abzuliefern.

Elisabeths Herz hüpfte. Ob ein Brief von Großmutter dabei war? Sie schaute sich die Briefe näher an. Alle hatten die gleiche Schrift, und zwar goldene Buchstaben! So etwas hatte Elisabeth noch nie gesehen!

Zwar konnte sie noch nicht alle Buchstaben lesen, doch ihren eigenen Namen erkannte sie: Elisabeth Ellinger stand dort, in Gold! Sonst nichts. Kein Absender. Nur eine Krone. Auch in Gold. Voller Aufregung lief sie zum Tor, aus dem nun Johann mit der Gutsherrin trat.

„In der Kälte wartest du, mein Kind! Du hättest doch auch herein kommen können!" Die Gutsherrin nahm Elisabeths steif gefrorene Hände in ihre eigenen großen und warmen. „Warte einen Augenblick, ich hab was für dich", sagte sie und lief ins Haus zurück. Heraus kam sie mit ein paar Fäustlingen und einem wollenen Tuch, das sie dem Kind um Kopf und Schultern wickelte. Johann hatte derweil den

Schlitten mit einem Sack Kartoffeln beladen, den er für seine Dienste bekommen hatte, und so stapften sie in der Spur, die der Postschlitten im Schnee hinterlassen hatte, zurück zur Stadt.

Natürlich konnte Elisabeth die geheimnisvolle Neuigkeit nicht für sich behalten. „Schau mal, was wir bekommen haben!" Der Bruder, der bereits etwas besser lesen konnte, begutachtete die Briefe. „Für jeden von uns ist einer dabei!", sagte er. „Auch für mich, und sogar für Klein Sophia!"

„Von wem sind die?", wollte Elisabeth wissen.

„Keine Ahnung, vom Landesfürsten vielleicht". Plötzlich wurde Johann ernst. „Es wird doch hoffentlich nicht bedeuten, dass er uns auch aus diesem Gebiet wieder fortschickt!"

Die Kinder beeilten sich, nach Hause zu kommen. Es begann bereits zu dämmern, als sie das Stadttor erreichten. Oben im Fenster des Türmers, der im Turm über dem Tor wohnte, brannte schon ein Licht. Das große Tor hatte er nach dem Postschlitten wieder fest verschlossen. Johann und Elisabeth huschten durch die kleine Pforte nebenan, zogen ihren Schlitten noch ein Stück über die breite Straße, die zum Markt führt und verschwanden dann in den engen Gassen der Unterstadt.

Am Abend saß die Familie am Tisch zusammen. Von Herzen dankten sie ihrem Vater und König für die großzügigen Gaben der Gutsherrin. Nach dem Abendessen kam der große Augenblick. Der Vater legte die geheimnisvollen Briefe auf den Tisch, breitete seine Hände darüber und sagte: „Vater, wir vertrauen dir, was auch immer die Botschaft in diesen Briefen sein mag."

Elisabeth hielt es kaum aus: „Darf ich meinen zuerst öffnen?", bettelte sie. Der Vater reichte ihr den Umschlag. Noch einmal betrachtete sie fasziniert ihren Namen in diesen wunderschönen, goldenen Buchstaben: „Elisabeth Ellinger".

Mucksmäuschenstill war es am Tisch. Elisabeth zog eine Karte heraus, ganz in Gold. Es stand nicht viel darauf. Sie reichte sie dem Vater, der las:

Siehe, dein König kommt zu dir.

Darunter noch einmal eine Krone als Siegel.
Keiner sagte ein Wort. Nach eine Weile legte Elisabeth die Hand auf ihre Brust, schaute den Vater an und sagte: „Zu MIR? … MEIN König?"

Der Vater lächelte und nickte: „DEIN König."

„Du meinst: UNSER König?", fragte sie zurück.

Wieder nickte der Vater.

Nun wollten alle ihre Briefe ebenfalls öffnen und alle enthielten die gleiche, unglaubliche Botschaft:

Siehe, dein König kommt zu dir.

Jetzt gab es ein Staunen und Fragen. Selbst die kleinen Brüder von zwei und vier Jahren plapperten wild durcheinander. Elisabeth sprang um den Tisch, die Geschwister taten es ihr nach. „Unser König kommt! Unser König kommt!"

Mutter drückte das Baby an ihre Brust. „Mein Gott", seufzte sie, und der Vater nahm seine Frau in den Arm.

Elisabeth wollte nicht ohne ihren Brief schlafen gehen. Im Dunkeln drückte sie ihn noch einmal an ihr Herz und flüsterte: „Mein König kommt zu mir."

Von diesem Tag an waren die Kinder voller Erwartung. „Wann kommt er denn?", war eine der meistgestellten Fragen. Keiner wusste, wann er kommen würde, aber lange würde es sicher nicht mehr dauern, wenn er sich doch schon auf so besondere Weise angemeldet hatte.

Zu ihrer Überraschung beobachteten die Kinder in den nächsten Tagen geschäftiges Treiben in der Stadt. Besonders entlang der breiten Straße, die vom Tor her kam, und auf dem Marktplatz wurden Kränze aus Tannengrün und getrockneten Beeren an die Türen gehängt und Laternen vor den Häusern aufgestellt. Elisabeth beobachtete die Bäckersfrau, wie sie ihr Schaufenster mit grünen Zweigen, roten Schleifen und Sternen schmückte. „Machst du das für den König so schön, wenn er kommt?", fragte sie.

Die Bäckersfrau schaute das Kind verdutzt an. „Für den König?"

„Ja, er kommt bald, er hat sich schon angemeldet!", beharrte Elisabeth.

Die rundliche Bäckersfrau schüttelte den Kopf. „Nein, mein Kind! Ein König kommt nicht um diese

Jahreszeit. Aber am Sonntag ist der erste Advent, dafür schmücke ich."

Advent, ja richtig! Wie hatte sie das in ihrer neuen Umgebung nur vergessen können. Würde es hier auch Advent werden, ohne Großmutter, ohne Großvater, ohne all die lieben Dinge, die Advent für sie immer so besonders gemacht hatten?

Aber der König würde ja kommen, vielleicht gerade in dieser besonderen Zeit! Elisabeth sprang die Straße hinunter, um Johann davon zu erzählen. Der bemühte sich mit seinen sieben Jahren, beim Aufstellen der Buden auf dem Marktplatz ein wenig zu helfen, in der Hoffnung, es würde ein paar Groschen dafür geben. Für Johann war Elisabeths Neuigkeit gar keine Überraschung. „Klar ist bald Advent", sagte er. „Deshalb bauen wir doch hier den Weihnachtsmarkt auf."

Oh! Weihnachtsmarkt! So etwas hatte es zu Hause nicht gegeben. Fasziniert beobachtete Elisabeth, wie die Buden geschmückt wurden.

„Das wird dem König doch sicher gefallen, wenn er kommt", sagte sie zu Johann.

Das hörten zwei Arbeiter. „Wer kommt?", fragten sie, „Der König??"

„Ja, kennt ihr ihn?", gaben die Kinder eifrig zurück.

„Er ist so gut und hat uns extra einen Brief geschickt und geschrieben, dass er kommt!"

Die Arbeiter schauten die Kinder verständnislos an und winkten dann ab. „Kindergeplapper", murmelte der Eine.

Zu Hause bestürmten sie die Mutter: „Am Sonntag ist der erste Advent! Erzählst du uns dieses Jahr all die Geschichten, die Großmutter immer erzählte? Werden wir auch jeden Abend feiern? Und musizieren?"

Auf dem Gesicht der Mutter stand Wehmut geschrieben. „Ich werde versuchen, Großmutters Rolle zu übernehmen. An den Abenden werden wir auch hier Advent feiern. Nur das Musizieren wird dieses Jahr etwas dürftiger ausfallen. Wir haben kein Klavier, keine Instrumente. Doch sein bestes Instrument hat jeder von uns mitgebracht, seine Stimme."

Am Samstag vor dem ersten Advent wurde auch bei Familie Ellinger das Haus geputzt und geschmückt. Vater hatte aus dem Wald Zweige geholt und Mutter hatte sie in eine große Vase gestellt. Einen gelben Stern hatten die Kinder aus Papier gebastelt. Vater stieg auf einen Stuhl und befestigte ihn mit einem langen Faden an der Decke, während alle um ihn standen und gemeinsam sagten:

> *Es wird ein Stern aus Jakob aufgehen und*
> *ein Zepter aus Israel aufkommen.*   4. Mose 24,17 [3]

So war es alle Jahre gewesen. In der Dämmerung versammelten sich alle um den großen Tisch, Mutter zündete die erste Kerze an und Vater begann mit seiner kräftigen Bassstimme:

---

[3] Übersetzung Lutherbibel von 1545; diese Bibelstelle drückt die Erwartung auf das Kommen des versprochenen Retters aus.

Macht hoch die Tür,
die Tor macht weit;
es kommt der Herr der Herrlichkeit.
Ein König aller Königreich,
ein Heiland aller Welt zugleich,
der Heil und Leben mit sich bringt,
derhalben jauchzt, mit Freuden singt:
Gelobet sei mein Gott,
mein Schöpfer reich von Rat.[4]

Seltsam, dieses Jahr klang dieses Lied so ganz anders, so persönlich!

„Warum feiern wir immer schon am Abend vorher?", wollte Johann wissen. „Meine Klassenkameraden zünden zu Hause erst morgen die erste Kerze an."

Mutter lächelte. „Die Menschen haben vergessen, dass die Tage mit dem Abend beginnen und mit dem Abend enden. Aber so war das immer bei uns. Nur am Heiligen Abend und zum Einläuten des Sonntags am Samstagabend pflegen sie es heute noch. Wollt ihr hören, was Großmutter zum ersten Advent immer erzählt hat?"

Die Familie rückte näher zusammen und Mutter begann: „Jeder Adventssonntag hat einen Namen. Und jeder Sonntag handelt davon, dass der König kommt."

„Wirklich?" Die Kinder staunten.

„Der erste Sonntag heißt ‚ERDENADVENT'", fuhr Mutter fort. „Wir erinnern uns daran, wie der König

---
4 Adventslied von Georg Weissel, 1623

kam, um mit uns zu leben. Schon lange, lange hatten wir darauf gewartet. Doch als er dann kam, hat es fast niemand bemerkt.

Es war wie jedes Jahr. Gegen Ende des Sommers bereitete sich unser ganzes Volk auf die großen Feiertage vor. Am ersten Tag des siebten Monats ertönten überall im ganzen Land die Schofarhörner, damit wir unsere Herzen vor dem König in Ordnung bringen und von allem umkehren, was ihm keine Freude macht. Auch jeder Streit und alles Böse unter den Menschen sollte beendet und die Menschen versöhnt werden.

Am zehnten Tag baten wir und unsere Priester dann Gott um Vergebung. Alle unsere Schuld wurde auf den Kopf eines Ziegenbockes gelegt und wir konnten alle zuschauen, wie dieser Ziegenbock mit unserer Sünde fortgeschafft wurde, weit weg in die Wüste. Nun war alles in Ordnung zwischen uns und dem König. Jetzt konnten wir das fröhlichste aller Feste feiern.

Wir bauten uns Hütten aus Zweigen, so wie damals in der Wüste, als der König allein unser Schutz und Versorger war. Die Hütten waren außen ganz einfach, aber innen wunderschön geschmückt. Das Dach bestand aus Palmzweigen. Sie mussten aber so lose liegen, dass wir den Himmel und die Sterne hindurch sehen konnten und so, dass der Himmel in unsere Hütte herein kommen konnte."[5]

---

[5] 3. Mose 16; 3. Mose 23,23-44

„Damit wir immer mit dem König verbunden sind und der König zu uns rein kann und bei uns wohnen kann, nicht wahr?", warf Johann ein.

Die Mutter nickte. „Ganz richtig. Zu diesem Fest kamen viele, viele Leute aus dem ganzen Land nach Jerusalem. Alle Straßen waren verstopft und alle Herbergen überfüllt, wie jedes Jahr. Alle Familien in Jerusalem und in der Umgebung hatten Besuch. Aber in diesem Jahr waren sogar noch mehr Menschen unterwegs als sonst, denn der römische Kaiser hatte befohlen, dass alle Leute an ihren Geburtsort gehen und sich dort in eine Liste eintragen sollten. Mitten unter diesen vielen Menschen nun waren auch ein junger Mann und eine junge Frau. Sie erwarteten ein Baby, so wie wir vor zwei Monaten noch auf Sophia gewartet haben."

Mutter beugte sich über den schlafenden Säugling in ihren Armen.

Elisabeth meldete sich: „Ich weiß, das waren Maria und Joseph! Das ist die Weihnachtsgeschichte, nicht wahr? Darf ich weitererzählen?"

Mutter nickte, und so erzählte Elisabeth von den Worten des Engels an Maria, von dem Stall, den Hirten und dem Engelschor.

Als sie geendet hatte, meinte Johann nachdenklich: „Warum feiern wir das heute nicht mehr so mit den Hütten und so? Und warum feiern wir es im Winter und nicht, wenn der Sommer zu Ende geht?"

Mutter nickte. „Da hast du Recht. Vieles hat sich seitdem verändert. Wir leben nicht mehr in unserem Land, sondern sind in alle Länder der Erde zerstreut.

Die Menschen haben die Feste verändert, haben neue Feste daraus gemacht. Hier in diesem Land feiert man Advent und Weihnachten. Weil wir den König kennen gelernt haben und seine Kinder geworden sind, feiern wir mit ihnen. Sie haben manches von unseren alten Festen auf den Winter verschoben. Auch die Adventszeit ist nämlich eigentlich eine Zeit, in der wir uns vorbereiten auf den König, in der wir Sachen in Ordnung bringen, die ihm nicht gefallen und in der wir unser Herz ganz weit für ihn aufmachen. Und danach können wir an Weihnachten feiern, dass er in unsere Welt gekommen ist und bei uns wohnt, so wie bei dem Fest in den Hütten damals."

„Wie hat Großmutter immer gesagt? Es kommt die Zeit, da werden wir wieder in unserem Land wohnen und mit unserem König wieder unsere alten Feste feiern."

Johann hatte noch eine Frage: „Heißt das, dass er gar nicht im Winter geboren ist? Ist er damals an dem alten Fest geboren und keiner hat es gemerkt?"

Die Eltern lächelten. „Höchstwahrscheinlich", sagte der Vater. „Wir wissen es nicht genau. Aber die Schafe und die Hirten sind in unserem Land im Winter nicht mehr auf der Weide draußen. Und auch wegen den Hütten, weißt du? Die alten Feste hat der König selbst erfunden, und alle großen, wichtigen Dinge ließ er immer genau an einem der Feste geschehen."

„Das war doch sicher etwas ganz Großes und Wichtiges, nicht wahr?"

„Was denn, Elisabeth", fragte der Vater.

„Dass der König vom Himmel zu uns kam als Baby!"

„Natürlich war das etwas ganz Großes, da hast du recht", nickte der Vater. „Deshalb denken wir, dass es vielleicht an diesem großen Fest geschehen ist. Auch die Hütten erzählen von ihm: Er kam und war in unserer Welt eine Weile unterwegs, so wie unser Volk damals in der Wüste. Er hatte ein festes, sicheres Haus im Himmel. Aber das hatte er zurückgelassen und war in unser unsicheres Leben gekommen, wo man manchmal verjagt wird und nicht bleiben kann ..."

„Genau wie die Hütten war er von außen auch nichts Besonderes, ein Mensch wie jeder andere auch. Aber innen war die ganze Herrlichkeit Gottes. Wer mit ihm sprach, der erlebte die Kraft und die Liebe des Vaters. Er hatte sein Dach immer offen zum Vater und der Vater war in seinem Leben."[6]

„Und jetzt kommt er richtig zu uns ..." Elisabeth wirkte sehr nachdenklich.

„Lasst uns in diesen Adventstagen darüber nachdenken, wie wir uns auf ihn vorbereiten können", sagte der Vater.

Am nächsten Morgen saß die ganze Familie in der Kirche. Zu den Aufgaben des Vaters gehörte es, sonntags die Orgel zu spielen. Das tat er gerne. Johann war stolz, dass er heute zum ersten Mal beim

---

[6] Viele an Jesus gläubige Juden feiern seine Geburt am Laubhüttenfest.

Eingangslied den Blasebalg der Orgel treten durfte. Obwohl er dafür eigentlich noch zu klein war, machte er seine Sache gut. Voll tönte die Orgel und die Gemeinde sang:

> *Wie soll ich dich empfangen*
> *und wie begegn' ich dir,*
> *o aller Welt Verlangen,*
> *o meiner Seele Zier?*
> *O Jesu, Jesu, setze*
> *mir selbst die Fackel bei,*
> *damit, was dich ergötze,*
> *mir kund und wissend sei.*
>
> *Dein Zion streut dir Palmen*
> *und grüne Zweige hin,*
> *und ich will dir in Psalmen*
> *ermuntern meinen Sinn.*
> *Mein Herze soll dir grünen*
> *in stetem Lob und Preis*
> *und deinem Namen dienen,*
> *so gut es kann und weiß.[7]*

Elisabeth tippte mit ihrem Finger auf Mutters Hand: „Jetzt weiß ich, was er mag", flüsterte sie.

Mutter verstand nicht. „Wer denn?"

„Der König!" Elisabeth machte ein zufriedenes Gesicht. Nur eines verstand sie nicht: Auch die Bäckersfrau hatte lauthals gesungen: „Wie soll ich dich empfangen?"

---

[7] Adventslied von Paul Gerhardt, 1607-1676

Machte die sich vielleicht jetzt doch auch Gedanken, wie sie dem König begegnen könnte? Womöglich wartete sie jetzt auch auf ihn!

Zweiter Advent

Herzensadvent

Die Tage vergingen. Vater arbeitete sehr viel, denn in zwei Wochen, am dritten Advent, sollte in der Kirche eine Kantate aufgeführt werden. Regelmäßig traf er sich mit den Musikern zum Proben. Die Nachmittage verbrachte er oft in der Kirche und übte an der Orgel für die kommenden Festtage.

Es war etwas milder geworden, so dass Vaters Finger in der kalten Kirche nicht mehr so steif wurden wie noch vor einer Woche. Er hatte seine beiden Ältesten mitgenommen. Johann war wieder für den Blasebalg verantwortlich. Elisabeth durfte einfach so dabei sein.

Sie saß neben Vater auf der Orgelbank und lauschte ehrfürchtig den gewaltigen Klängen. Das Vibrieren ihrer Schwingungen konnte sie sogar im Holz der Orgelbank wahrnehmen. Zur Linken und zur Rechten von Vaters Tasten gab es viele Knöpfe, auf denen etwas geschrieben stand. Der Vater zog welche heraus, andere schob er wieder an ihren Platz zurück. Wenn er dann wieder zu spielen begann, klang es ganz anders als vorher. Gerade noch war es wie mächtiges Rauschen von Wasser gewesen, jetzt plötzlich klang es zart und hell wie der Gesang kleiner Vögelchen. Vater hatte seiner Tochter erklärt, dass die Knöpfe Register genannt werden und dass jedes davon der Orgel einen anderen Klang gibt. Besonders lustig fand Elisabeth das Register, das die Orgel klingen ließ, als hätte sie Schnupfen. Das bei weitem Eindrucksvollste jedoch war, wenn Vater auch mit den Füßen spielte! Wie konnte man nur mit Händen und Füßen gleichzeitig spielen! Vater schaute nicht einmal nach unten! Seine Augen waren fest auf das Notenbuch gerichtet, während seine Füße von selbst die richtigen Tasten fanden. Und wie gewaltig diese tiefen Töne klangen!

Es knarrte, und auf der alten Holztreppe, die zur Orgelempore führte, erschien Friedrich, der mit seinen 12 Jahren schon recht groß und kräftig wirkte. Vater hatte ihn bestellt, um Johann am Blasebalg abzulösen, denn für diese Aufgabe brauchte man wirklich viel Kraft.

Vater übte weiter und Johann und Elisabeth machten inzwischen einen Erkundungsgang durch die Kirche. Unten im Hauptschiff trafen sie den Küster, der eben frische Kerzen am Altar aufgesteckt hatte. Nun kam er mit einem Plakat in der Hand den Kindern entgegen.

„Was machst du da?", fragten sie.

„Ich hänge am Portal den neuen Spruch für den zweiten Advent auf."

„Dürfen wir mitkommen?"

Die Kinder sprangen hinter dem Küster her in die Eingangshalle. Dort nahm er einen ebenso großen

Zettel von der Wand und hängte den neuen an seine Stelle.

„Was steht da drauf?", wollten die Kinder wissen.

Der Küster las: „Siehe, dein König kommt zu dir. Sacharja 9, Vers 9."

Die Kinder standen wie versteinert. „Hat er dir das auch geschrieben?", fragten sie schließlich.

„Wer hat mir das geschrieben?" Der Küster verstand nicht.

Nun erzählten die Kinder von ihren Briefen und von der Erwartung, dass der König jeden Tag kommen könnte.

Der Küster wirkte nachdenklich. „Wenn ihr nicht werdet wie die Kinder, so könnt ihr nicht ins Himmelreich kommen"[8], murmelte er. Dann aber erklärte er den beiden, dass jeder Sonntag einen Namen und auch einen besonderen Bibelspruch dazu habe. Dies hier sei der Spruch für den ersten Advent gewesen.

Die Kinder staunten. „Und wie heißt der neue Spruch für den zweiten Advent?", wollten sie wissen.

Der Küster drehte sich zur Wand und las: „Freue dich und sei fröhlich, denn siehe, ich komme und will bei dir wohnen, spricht der Herr. Sacharja 2, Vers 14."

„Bei dir wohnen ...", wiederholte Elisabeth. „Denkst du, er wird bei uns im Haus wohnen? Wir haben doch gar kein Bett für ihn!"

---

8 Matthäus 18,3

„Ich denke, er meint das anders", entgegnete der Küster und deutete mit dem Finger auf seine Brust. „Da will er wohnen."

„Und da auch", hörten sie Vaters Stimme hinter sich. Der stand lächelnd da mit der Hand auf seinem eigenen Herzen.

„Bist du fertig?" Die Kinder sprangen ihm entgegen. Der nickte, verabschiedete sich vom Küster und trat mit den Kindern hinaus an die klare Winterluft.

Der nächste Morgen begann sehr ungewöhnlich. Noch vor dem Frühstück klopfte es an der Tür. „Der König!", rief Johann. Als der Vater öffnete, stand jedoch der Nachbar in der Dunkelheit, der Kaufmann, zu dessen Familie Ellingers bisher keinen Kontakt hatten finden können. Im Arm hielt er in Decken gewickelt ein winziges, wimmerndes Bündel. Er selbst war aschfahl im Gesicht, in den Augen ein verzweifelter, fast wirrer Blick.

Vater wollte zur Geburt des neuen Erdenbürgers gratulieren, da wehrte der Kaufmann vehement ab. Hier gäbe es nichts zu gratulieren, sagte er. Seine Frau sei letzte Nacht bei der Geburt gestorben, er wisse nicht mehr aus noch ein.

Vater bat ihn in die Wohnung. Da saß er, ein gebrochener Mann. Um ihn drängten sich die Kinder und versuchten, einen Blick in das winzige Gesicht des Neugeborenen zu erhaschen.

Mutter war es, die mit ihrer praktischen Art ruhig in die Stille hinein sprach: „Es tut uns so leid, dass Sie Ihre Frau verloren haben. Ich könnte Ihnen anbieten, das Kind zu stillen, wenn Sie das möchten."

„Wirklich? Das hatte ich gehofft", kam es zögernd von seinen Lippen.

„Wenn es Ihnen helfen würde, könnten auch die anderen Kinder ruhig einstweilen bei uns bleiben."

Der Kaufmann sah auf den Boden und nickte. „Danke", murmelte er.

Nun begann das Baby richtig zu schreien. „Darf ich?", fragte Mutter. Der Kaufmann reichte ihr das Bündel.

„Ist es ein Junge? Ein Mädchen?", fragte sie.

„Ein Mädchen", antwortete er. „Aber sie hat noch keinen Namen."

„Kleine Prinzessin." Mutter beugte sich über den schreienden Säugling. „Herzlich willkommen im Leben! Und jetzt wollen wir erst einmal frühstücken, nicht wahr." Das Schreien verstummte und man hörte ein zufriedenes Schmatzen.

In der Dämmerung desselben Tages saß die Familie wie an jedem Adventsabend zusammen. Wieder wurden die Kerze entzündet und die alten Lieder gesungen. „Macht hoch die Tür" durfte an keinem Abend fehlen.

Der Vater hatte erzählt, wie in seiner Kindheit einmal der Landesfürst mit seinem Gefolge das Städtchen besucht hatte, in dem er aufgewachsen war. Die Straßen waren mit grünen Zweigen geschmückt worden, genauso das Stadttor. An dem Tag, an dem der Fürst erwartet wurde, hatte man das große Tor bereits früh am Morgen weit geöffnet. Draußen vor dem Tor hatte sich eine Musikkapelle aufgestellt, der Bürgermeister und alle hohen Räte des Städtchens waren zur Stelle, um dem Fürsten entgegeneilen zu können, sobald seine Kutsche am Waldrand sichtbar wäre.

Als es dann soweit war, hatte man die Fanfaren geblasen, um alle Einwohner aus ihren Häusern zu rufen. Auch er als kleiner Junge war an der Hand seiner Mutter zur Hauptstraße geeilt. Dort hatten sie Spalier gestanden, gesungen und dem Fürsten zugejubelt.

Seine Aufmerksamkeit hatte natürlich vor allem den prächtigen Kutschen und den stolzen Pferden gegolten. Noch Wochen später hatte er immer wieder davon geschwärmt.

„Was ich damals nicht verstehen konnte", fuhr Vater fort, „die Erwachsenen sprachen eher besorgt vom Besuch des Fürsten, denn er hatte viel Geld gekostet und die Armen noch ein bisschen ärmer gemacht."

„Wird das auch so sein, wenn UNSER König kommt?", hatten die Kinder gefragt.

„Nein, unser König macht uns nicht ärmer, sondern reicher, wenn er kommt", antwortete Vater.

Mutter ergänzte: „Und er ist viel mächtiger als alle Fürsten dieser Welt zusammen. Ein ‚König aller Königreich' ist er. Wenn er kommt, dann bringt er Hilfe und Leben. Wenn unser König in ein Land oder eine Stadt eingeladen wird, um dort mit den Menschen zu wohnen, dann geht es ihnen wohl."

„Wird dann niemand mehr krank? Und passiert dann gar nichts Trauriges mehr?", wollte Elisabeth wissen.

Mutter überlegte einen Augenblick. „Ich glaube, es ist so", sagte sie dann. „Selbst wenn jemand krank ist oder schlimme Dinge passieren, macht der König etwas Gutes daraus für die, die mit ihm leben. Schaut, wir mussten dieses Jahr fort von zu Hause, wir waren lange unterwegs und konnten nirgends bleiben. Und trotzdem ging es uns gut, nicht wahr? Wir haben erlebt, wie der König uns jeden Tag versorgt hat, bis wir hier her kommen konnten und so viel Gutes hier inzwischen erfahren haben. Seitdem lieben wir ihn noch mehr und vertrauen ihm noch mehr."

Es würde also ganz anders sein als in Vaters Erzählung. Trotzdem liebten es die Kinder, sich die Ankunft ihres Königs auszumalen.

Heute war die Runde um den Tisch größer als sonst. Die drei Nachbarskinder saßen mit großen Augen dabei. So vieles war für sie heute anders gewesen als sonst. Die kleine, namenlose Prinzessin schlief in der Wiege, während Sophia in Vaters Armen vergnügte Laute von sich gab.

„Als es heute Morgen klopfte, dachte ich, der König kommt!", meinte Johann plötzlich.

„Er ist auch gekommen", gab Vater zurück.

Die Kinder staunten: „Wie?"

„Wenn wir Menschen in Not helfen", fuhr er fort, „dann ist es, als ob wir es für den König selbst tun."

Da klopfte es wieder.

Draußen stand der Kaufmann. Er wollte seine Kinder abholen. Vater bat ihn für einen Moment herein. So setzte er sich in die Runde um den Tisch, seine Dreijährige krabbelte auf seinen Schoß und die größeren Buben schmiegten sich zu beiden Seiten an ihn. „Wir wollen noch unsere Tradition fortsetzen und eine weitere Strophe des schönen Adventsliedes von Paul Gerhardt lernen", sagte Vater. „Das wird unseren Gästen sicher auch gut tun."

„Du hast ihn noch gekannt, nicht wahr?", meinte Johann.

„Ich nicht, mein Großvater kannte ihn. Paul Gerhardt hat auch sehr viel Schlimmes erfahren. Als er lebte, war 30 Jahre lang Krieg. Und doch war er solch ein dankbarer und froher Mensch, der seinem Vater und König vertraute. Das hat meinen Großvater damals veranlasst, selbst auch ein Kind des Königs zu werden. Paul Gerhardts Adventslied handelt auch vom Kommen des Königs. Er kam nicht nur vom Himmel auf die Erde, sondern er kommt auch heute genau dorthin, wo wir sind. Er kommt auch mitten hinein in alle Not. Davon handelt die Strophe, die wir heute lernen wollen:

> *Das schreib dir in dein Herze,*
> *du hochbetrübtes Heer,*
> *bei denen Gram und Schmerze*
> *sich häuft je mehr und mehr.*
>
> *Seid unverzagt, ihr habet*
> *die Hilfe vor der Tür,*
> *der eure Herzen labet*
> *und tröstet, steht allhier.*[9]

---

[9] Aus dem Adventslied „Wie soll ich dich empfangen" von Paul Gerhardt (1607-1676)

Der Kaufmann schnäuzte sich und der Vater legte ihm die Hand auf die Schulter.

„Was ist ‚laben'?", wollte Johann wissen.

„Es ist genau das, was wir vorhin gesprochen haben", antwortete Mutter. „Wenn der König in unserem Leben wohnt, dann labt und tröstet er unser Herz. Er macht, dass es unserem Herzen wieder gut geht, selbst wenn ganz viel Trauriges und Schmerzvolles passiert. So haben wir es auf unserer Flucht erlebt, nicht wahr?

Wir erfahren auch ganz praktisch seine Hilfe. Oft haben wir keine Ahnung, wie es weiter gehen soll. Wir können noch keine Hilfe sehen, aber unser König hat sich bereits eine Lösung ausgedacht. Sie steht schon vor der Türe."

Nachdem das ganze Lied bis zur neuen Strophe gesungen war, verabschiedete sich der Kaufmann mit seinen drei älteren Kindern. An der Türe drückte er die Hand des Vaters fest und sagte: „Ich habe heute etwas von dem erlebt, was Ihre Frau über die neue Liedstrophe vorhin erklärte."

Am Samstag vor dem zweiten Advent schickte Mutter ihre beiden Großen mit einem besonderen Auftrag zum Stadttor. Johann und Elisabeth war das gerade recht. So konnten sie wieder einmal nachsehen, ob der König vielleicht schon käme. Der Auftrag der

Kinder jedoch war, den alten Türmersleuten etwas zu essen zu bringen, denn die Frau des Türmers lag mit hohem Fieber im Bett.

Johann und Elisabeth stapften die schmale Holzstiege empor, die an der Innenseite des Tores zur Wohnung des Türmers führte. Der alte Mann war sichtlich gerührt. Er stellte den Topf neben dem Herd ab und kehrte dann sofort an das Fenster zurück, von dem aus man weit hinaus übers Land sehen konnte. Es war seine Aufgabe, ständig zu beobachten, wer da kam und ging und bei Bedarf das große Tor zu öffnen und wieder zu schließen.

„Dürfen wir auch mit gucken?", fragten die Kinder.

Der Türmer schob einen Schemel ans Fenster. Die beiden stiegen hinauf und staunten. So hoch waren sie! Und wie weit man schauen konnte!

„Da hinten das muss der Gutshof sein, nicht wahr?", meinte Johann.

„Richtig", entgegnete der Türmer. „Und am Gutshof vorbei führt die Landstraße, bis sie ganz hinten im Wald verschwindet."

Jetzt meldete sich Elisabeth zu Wort: „Wird der König von dort kommen?"

Der Türmer schaute sie fragend an. So erzählten die Kinder auch ihm von den geheimnisvollen Briefen. Da huschte ein warmes Lächeln über das Gesicht des alten Mannes. Er wandte sich um und zog aus einer Schublade einen Brief heraus. Die Kinder erkannten sofort die goldenen Buchstaben und die Krone.

„Hast du auch einen bekommen?", fragten sie beide gleichzeitig.

Der Türmer nickte. „Und meine Frau bekam auch einen."

„Was steht bei euch drin?", wollten die Kinder wissen.

„Siehe, dein König kommt zu dir. Genau wie bei euch. Ich kenne übrigens noch eine alte Frau, die mit ihrer Tochter bei der Mühle wohnt. Auch sie haben die gleichen Briefe bekommen."

„O, die beiden kennen wir", riefen die Kinder, „sie sind manchmal bei uns zu Besuch."

Auch während er mit den Kindern sprach, hatte der Türmer immer wieder nach draußen geschaut. Plötzlich hielt er inne. „Schaut mal", sagte er und zeigte in Richtung des Waldrandes. „So etwas habe ich mein Lebtag noch nicht gesehen!"

Die Kinder reckten sich. Tatsächlich! Da war nicht nur ein Schlitten zu sehen, nein, gleich mehrere mit vielen Pferden! Sie waren noch sehr weit entfernt, und doch schien es, als ob sie funkelten von einer unbeschreiblichen Pracht.

Nun verschwanden sie in einer Senke, um kurze Zeit später auf einer Anhöhe wieder aufzutauchen. Der Türmer stand mit offenem Mund und sprach kein Wort. Johann zupfte ihn am Ärmel: „Ist das der König?"

Der alte Mann wandte seinen Blick nicht von der Landstraße, und er antwortete auch nicht.

„Schau nur!" Die Kinder drückten sich die Nasen an der Scheibe platt. Das Gefolge hatte nämlich auf der Anhöhe angehalten. Ein Mann war ausgestiegen und hatte sich ein Bündel über die Schulter gehängt. Dann war er auf den Rücken eines Esels gestiegen und hatte allein den Weg zur Stadt hin fortgesetzt. Die prächtigen Schlitten und Pferde aber hatten kehrt gemacht und waren in die Richtung zurück gefahren, aus der sie gekommen waren.

Der einsame Reiter hatte inzwischen fast den Gutshof erreicht.

Nun erwachte der Türmer aus seiner Erstarrung. „Das ist er!", rief er. „Das ist der König!"

Elisabeth und Johann sprangen vom Schemel. „Dann müssen wir ihm entgegen gehen, ihn begrüßen!" Sie eilten zur Tür.

„Wartet, ich komme mit euch!" Der alte Türmer warf sich einen Umhang um, schnappte seinen Hut und eilte mit den Kindern die Treppe hinunter und durch die schmale Pforte hinaus auf die Landstraße. Im Schnee kamen sie nur mühsam voran, doch der Fremde hatte sie bemerkt und winkte ihnen zu, so als würden sie sich schon lange kennen. Nun stieg er vom Esel und kam ihnen die letzten Meter zu Fuß entgegen. Er war in einen einfachen, derben Mantel gekleidet, auf dem Kopf trug er einen Hut, so wie die Männer im Städtchen auch.

„Grüß Gott, Elisabeth! Grüß Gott, Johann!" Der König kniete sich in den Schnee und umarmte die Kinder. Dann stand er auf und nahm den alten Türmer in die Arme: „Mein treuer Freund!"

Er schaute allen dreien der Reihe nach ins Gesicht: „Es ist so schön, dass ihr mir entgegen gekommen seid!" Nun klopfte er sich den Schnee von den Kleidern.

Da fanden auch die Kinder ihre Sprache wieder. „Du bist der König ... und wo hast du deine Krone?" Der König lächelte: „Eine Krone aus Gold brauche ich nicht. Ich weiß auch so, dass ich der König bin."

„Und dein Schlitten und deine Pferde?", wollte Elisabeth wissen.

„Auch die brauche ich nicht, wenn ich euch besuche. So kann ich besser mit euch zusammen sein."

Nur der Türmer sagte noch immer kein Wort, er stand nur da mit Tränen in den Augen. Der König nahm ihn noch einmal fest in die Arme.

Nun setzte sich die kleine Gesellschaft wieder in Bewegung. Als sie sich dem Stadttor näherten, blieb der Türmer erschrocken stehen: „Ich habe ganz vergessen, das große Tor für dich zu öffnen!"

Schon wollte er vorauseilen, um sein Versäumnis nachzuholen, da hielt ihn der König zurück. „Es ist schon gut so", sagte er. „Ihr habt mir mit eurem Willkommen eure Tore bereits weit geöffnet." Und so betrat er die Stadt durch die kleine Pforte der einfachen Leute. Plötzlich stupfte Elisabeth ihn am Arm und zeigte nach oben: „Die Türmersfrau ist krank. Kannst du sie gesund machen?"

Der König schaute den Türmer an, der lud mit einer Handbewegung die ganze Gesellschaft ein, ihm voraus nach oben zu steigen. Der Esel freilich musste angebunden unten warten. Oben angekommen öffnete der alte Mann die Türe zur Kammer, in der seine Frau schlief.

„Der König ist da!"

Sie erwachte, und in ihrem fiebrigen Blick konnte man sehen, wie elend sie war.

Elisabeth wandte sich dem König zu. Sie war gespannt, was er nun tun würde. Der lächelte das Mädchen an und sprach: „Elisabeth, geh du zu ihr, nimm sie bei der Hand und hilf ihr aufstehen."

Etwas verblüfft schaute Elisabeth vom König zu der kranken Frau. Doch dann trat sie einen Schritt vor, nahm die Hand der Kranken und sagte: „Der König hat gesagt, du sollst aufstehen."

Langsam, langsam erhob sich die alte Frau aus den Kissen, setzte ihre Füße auf den Boden und stand auf. Auch der König streckte ihr seine Hand entgegen, die sie nahm und ergriffen küsste. Dann traten sie alle zurück ins große Turmzimmer und warteten, während die Frau des Türmers sich drinnen ankleidete. Jetzt erschien sie mit einem strahlenden Gesicht und völlig gesund! Sie fiel dem König um den Hals, der auch sie als seine treue Freundin begrüßte.

Dann wandte er sich an die Kinder. Sie sollten schon voraus gehen, damit die Eltern sich keine Sorgen machen müssten. Er selbst wolle noch ein wenig bei seinen Freunden im Torturm bleiben und später zu Familie Ellinger kommen.

„Weißt du denn, wo wir wohnen?", fragte Johann.

„Aber natürlich", lachte der König.

Am Abend dieses besonderen Tages saß man im Wohnzimmer der Familie Ellinger wieder um den Tisch. Der Kaufmann mit seinen Kindern war auch da. Mitten in dieser Runde saß der König, so entspannt und fröhlich, als sei er nach Hause, in den Kreis seiner Familie gekommen. Alle blickten gespannt auf ihn. Doch der König nickte dem Vater zu: „Macht es so wie immer, und ich bin einfach dabei."

Und so stimmte der Vater wie jeden Abend an: „Macht hoch die Tür". Dabei musste Johann wieder an Vaters Erzählung denken vom Einzug des Fürsten ins Städtchen. Wie anders war der König heute gekommen! Keine Girlanden aus grünen Zweigen. Kein Jubel auf den Straßen. Durch die schmale Seitenpforte war er gekommen. Doch was hatte der König zum Türmer gesagt? „Ihr habt mir mit eurem Willkommen eure Tore bereits weit geöffnet."

Was meinte er damit?

Sie waren bei der vierten Strophe angekommen:

Macht hoch die Tür,
die Tor macht weit,
euer Herz zum Tempel zubereit´.
Die Zweiglein der Gottseligkeit
steckt auf mit Andacht, Lust und Freud;
so kommt der König auch zu euch, …

Da war er, hier, mitten unter ihnen! Der König selbst sang nicht mit. Mit einem unglaublichen Strahlen in den Augen blickte er in die Runde.

Nun stimmte der Vater die letzte Strophe an:

Komm, o mein Heiland Jesu Christ,
meins Herzens Tür dir offen ist …

Aller Augen waren auf den König gerichtet, auch die des Kaufmanns. Irgendwie war das heute besonders. Es war anders als die Tage zuvor – und doch auch wieder nicht. Nachdem der letzte Ton verklungen war, nickte der König dem Vater wieder zu, er möge ruhig fortfahren. Vater zögerte einen Moment, doch dann begann er:

„Heute Abend feiern wir den zweiten Advent. Auch er erzählt vom Kommen des Königs …"

Wieder stockte er und schaute hinüber zum König. Dann fuhr er fort:

„Der Name des ersten Sonntags im Advent war ‚Erdenadvent'. Da erinnerten wir uns an die Zeit, als der König als kleines Kind geboren wurde und dann einige Jahre mit uns in unserem Land lebte. Der zweite Advent nun ist der ‚HERZENSADVENT'. Da geht es darum, dass …"

Der Vater wandte sich hilfesuchend an den König. „Du kannst das besser erklären."

Der König lächelte zurück und nickte. „Ihr habt es eben gesungen: ‚... meins Herzens Tür dir offen ist.' Die Türen eures Herzens stehen mir schon lange offen. Seit langem sind wir Freunde. Wir sprechen miteinander, wir erleben Dinge miteinander, auch wenn ihr mich nicht seht. Ihr seid meine Familie, meine Kinder, meine große Freude! Das ist es, was ich mir schon immer gewünscht hatte. Ich fühle mich so wohl bei euch. Danke! Danke für euer Willkommen! Danke für euer Vertrauen."

Der König wandte sich der Mutter zu: „Die letzten Monate waren nicht einfach für euch …"

Mutter nickte.

„Aber ihr habt mir vertraut, seid nicht bitter geworden und dankbar geblieben. Unsere Freundschaft ist tiefer geworden in dieser Zeit ..."

Der König ließ seinen Blick von einem zum anderen schweifen, bis er auf Vater ruhte. Der nickte auch.

„Ihr wisst gar nicht, was mir eure Freundschaft bedeutet!" Nach einer Weile fügte er hinzu: „Und ich würde diese Freundschaft gerne auch zu anderen aufbauen."

Der Blick des Königs ruhte auf dem Kaufmann. Der schaute in die Kerzen, aber in seinem Gesicht arbeitete etwas.

Als sie sich später zur Nacht verabschiedeten, blieb der Kaufmann vor dem König stehen. „Ich möchte dich gern einladen, mein Gast zu sein", sagte er, „wir haben Platz genug, und ..."

Der Kaufmann stockte, doch der König legte ihm die Hand auf die Schulter.

„Ich komme gern", sagte er schlicht.

Dritter Advent

Brautadvent

Was war das für ein neues Leben, seit der König bei ihnen war! Es war, als gehörte er schon immer dazu. Fast ständig sah man ihn von Kindern umringt, und er genoss es offensichtlich, mit ihnen zusammen zu sein. Sogar Schlitten fahren war er mit ihnen gewesen. Diesen Vorschlag hatte er selbst gemacht.

Mutter hatte vorsichtig eingewandt: „Aber ... du bist doch der König!"

Da hatte er gelacht und geantwortet: „Das stimmt, aber warum sollte ich nicht mit den Kindern Schlitten fahren?" Mutter hatte auch gelacht und gemeint: „Ich dachte nur, das passt nicht zu deiner Würde."

„Meinst du, meine Würde geht verloren, wenn ich Spaß mit meinen Kindern habe?", hatte er gefragt.

Da hatte sie den Kopf geschüttelt und nachdenklich gesagt: „Ich hatte mir so gewisse Vorstellungen gemacht, wie du bist, aber du bist ..."

„Anders ...?"

„Ja. Erfrischend anders", und nach kurzem Zögern hatte sie hinzugefügt: „Ich mag dich noch viel mehr als vorher."

Es war, als hätte der König aufgeatmet und mit

einem dankbaren Lächeln hatte er gesagt: „Weißt du, ich sehne mich danach, dass meine Kinder mich kennen und lieben, so wie ich wirklich bin, und dass ich in ihrem Leben alles sein darf, was ich bin."

Hatte in diesen Worten auch Schmerz mitgeschwungen? Doch dann hatte er noch hinzugefügt: „So lernst du heute eine neue Seite von mir kennen." Und daraufhin war der König mit der fröhlichen Kinderschar losgezogen.

Oft war der König aber auch unterwegs, machte Besuche auf dem Gutshof, beim Türmer und seiner Frau oder bei den Frauen an der Mühle.

Eines Abends kündigte er an: „Morgen werde ich schon in aller Frühe unterwegs sein. Wir werden uns erst am Abend wieder sehen.

„Wo gehst du hin?", wollten die Kinder wissen.

„Ich möchte einen alten Freund besuchen", war seine Antwort, „es geht ihm nicht gut."

So sah man am nächsten Morgen, noch vor Anbruch des Tages, den König durch die leeren Straßen der Unterstadt laufen. Ganz unten, am rauschenden Bach, wandte er sich noch einige Schritte nach links, bis er vor der Mühle stand.

Drinnen hörte man eine poltrige Männerstimme laut fluchen. Der König klopfte. In der Tür erschien der beleibte Müller, der mit der gleichen Polterstimme rief: „Na endlich! Dachte schon, du bist einer von der Sorte Tagelöhner, die sich anmelden und dann nicht erscheinen."

„Ich bin pünktlich", sagte der König ruhig und trat hinter dem Müller ins Haus. Der führte ihn über Treppen und dunkle Gänge in die Mahlstube, wo ein hagerer junger Mann dabei war, Säcke mit Mehl zu füllen. Bei spärlichem Licht konnte man riesige Zahnräder erkennen, die sich drehten und die Kraft vom großen Wasserrad draußen auf die Maschinen im Inneren der Mühle übertrugen. Es klapperte und stampfte.

Der Müller fragte etwas, doch durch den Lärm hatte der König es nicht verstanden. Da kam der dicke Mann mit den blutunterlaufenen Augen ganz nahe an ihn heran und brüllte ihm ins Gesicht: „Ob du überhaupt Kraft hast, hab ich gefragt!"

Der König trat einen Schritt zurück und antwortete laut, aber ruhig: „Mehr, als du denkst."

„Werd bloß nicht frech! Ein Schwächling hier reicht mir." Dabei zeigte er geringschätzig auf den jungen Mann, der sich mit den Säcken abplagte. „Er wird dir erklären, was zu tun ist. Und dass ich euch ja nicht beim Müßiggang erwische!" Damit drehte der Müller sich um und verschwand im Dunkeln.

Nun trat der König auf den jungen Mann zu, reichte ihm die Hand: „Guten Morgen. Ich bin hier, um dir heute zu helfen."

Der Andere stellte sich als Heinrich vor und zeigte ihm dann, was zu tun war. Gespräche waren bei dem Lärm sowieso nicht möglich, so arbeiteten die beiden schweigend miteinander. Der König sah, dass es dem jungen Mann schwer fiel, die vollen Säcke zu tragen, darum versuchte er, ihm diese Arbeit abzunehmen oder zumindest mit anzupacken.

Bei Anbruch der Morgendämmerung hatten sie genügend Säcke gefüllt, so dass sie nun den Eselskarren für die erste Lieferung beladen konnten. Sie fuhren in den kalten Wintermorgen hinaus. Wie gut tat es, den Lärm der Mühle hinter sich zu lassen. Nun war endlich auch ein Gespräch möglich.

„Hast du diesen Beruf gelernt?", fragte der König.

„Ach woher", antwortete Heinrich. „Ich würde alles drum geben, um hier wieder weg zu kommen."

Der König schaute ihn an. „Was hast du dann eigentlich gelernt?"

„Gar nichts."

„Gar nichts?"

„Willst du das wirklich wissen?"

„Ja, es interessiert mich."

Heinrich drehte sich um und forschte im Blick des Anderen. Er war sich nicht sicher, ob er dem Mann neben sich wirklich trauen konnte. Er zögerte noch einen Moment, doch dann begann er: „Ich habe studiert, weit weg von hier – Theologie."

„Theologie?! Das klingt interessant."

„Ja, es war mein Leben. Ich wollte predigen, die Menschen ermutigen ... ermutigen ..." Der junge Mann stockte.

„Und dann?", half der König nach.

„Dann ging alles kaputt", brachte Heinrich hervor.

„Willst du mir davon erzählen?", fragte sein Gegenüber behutsam weiter.

Heinrich schaute vor sich hin. Sie bogen in die Hauptstraße ein und Heinrich brachte den Eselskarren vor der Bäckerei zum Stehen.

Der König sprang vom Wagen. „Wo sollen die Säcke hin?" Doch da öffnete die Bäckersfrau bereits die Tür und wies den neuen Knecht des Müllers an, das Mehl hinunter in die Backstube zu tragen. Heinrich wollte auch vom Wagen springen, doch der König deutete mit einer Handbewegung an, er solle sitzen bleiben. „Das ist zu schwer für dich", sagte er. Dann hievte er sich selbst den ersten schweren Sack auf den Rücken und schleppte ihn die steile Stiege hinunter zur Backstube.

Als sie wieder nebeneinander auf dem Kutschbock saßen, meinte Heinrich: „Das hat noch nie jemand für mich getan." Der König lächelte zurück, und so setzten sie ihre Fahrt fort.

Nach einer Weile begann Heinrich:

„Du wolltest wissen, was passiert ist. Meine Eltern starben, alle beide, kurz nacheinander. Ich bin Einzelkind, ich hing an ihnen. Von einem Tag auf den andern hatte ich kein Zuhause mehr, keine Familie, niemanden, zu dem ich gehörte. Doch das war nicht alles. Ich konnte nicht zu Ende studieren, es war kein Geld mehr da. Meine Welt brach zusammen. Und auch mein Glaube. Ich hätte Gott als Halt gebraucht, aber ich wusste nicht mehr, ob ich ihm trauen konnte und wollte. Ich sehnte mich nach ihm, nach Trost, doch gleichzeitig zog ich mich immer mehr zurück, verbrachte die Abende immer häufiger mit Zechkumpanen. Als meine christlichen Freunde mich deswegen zur Rede stellten, zerbrach das bereits geknickte Rohr endgültig."

Sie waren am Stadttor angekommen und Heinrich wollte absteigen, um dem Türmer zu läuten, da sah er ihn bereits die Stiege herunter eilen. Doch nicht zum Tor lief er, um es zu öffnen. Mit Erstaunen und Freude in den Augen kam er zu ihnen und begrüßte den Tagelöhner neben Heinrich wie einen guten Freund. Als sie dann auf die Landstraße hinaus fuhren, winkte er ihnen nach.

„Ihr kennt euch?", fragte Heinrich.

„Ja, wir sind gute Freunde", antwortete der andere, „doch nun erzähl mir weiter. Bist du weggegangen damals?"

„Ja. Alles hinter mir lassen wollte ich. Woanders neu anfangen. Doch beides ist mir nicht gelungen. Ich hab mich durchgeschlagen, mich hier und da als Knecht verdingt. Es hat zum Leben kaum gereicht. Und immer zog es mich weiter. Ich hab keine Ruhe gefunden. Mit der Zeit war mir alles egal, hab mich auf schlechte Gesellschaft eingelassen und mich von da an selbst verabscheut."

Heinrich spuckte aus.

„Ein Elendskerl bin ich, ohne Vision, ohne Zukunft. Zu dieser Bestie von Müller bin ich nur gekommen, weil es zu kalt wurde, um auf der Landstraße zu bleiben. Für ein Bett in der Gesindekammer und eine warme Mahlzeit am Tag lasse ich mich täglich anbrüllen und wie Dreck behandeln. Sobald die

Tage wärmer werden, bin ich hier weg – sofern ich diesen Winter überlebe. Das harte Leben der letzten Jahre und die Umstände hier zehren an mir. Ich magere immer mehr ab, meine Kräfte lassen nach. Was soll´s? Dann ist es eben vorbei. "

Sie schwiegen beide.

„Betest du noch?", fragte der König nach einer Weile.

Heinrich schüttelte den Kopf. „Ich hab Jahre nicht mehr gebetet. Auch wenn ich es manchmal wollte. Es geht nicht mehr. Sonntags, wenn die Glocken läuten, liege ich im Bett und versuche, mich wenigstens diesen einen Tag in der Woche auszuruhen. Ich würde gerne dabei sein, mit den anderen singen, Worte des Trostes hören, aber es geht nicht. Es tut zu sehr weh."

„Meinst du nicht, ER würde sich freuen, wenn ihr wieder miteinander reden könntet? Und meinst du nicht, es würde dir gut tun, wenn du dein Herz wieder ausschütten könntest bei IHM?"

Wieder schüttelte Heinrich den Kopf. „Ich mag keine frommen Worte mehr machen. Die Zeit ist vorbei. Wenn ich wirklich mit ihm reden wollte, dann würde ich über all meine Zweifel, Anklagen, meinen Schmerz sprechen. Dann würde ich sagen: Wo warst du? Warum hast du mich verlassen? Warum hast du mir alles geraubt, was mich lebendig machte? Bist du wirklich gut? Interessiert es dich überhaupt, wie es mir geht? Weißt du eigentlich, wo ich bin? Wenn sie mich diesen Winter verscharren, dann wirst du keinen Gedanken an mich verschwenden, denn du hast ja noch genug solche, die dir Halleluja singen."

Heinrich stockte, erschrocken über seine eigenen Worte. „Nein, ich kann es nicht", sagte er dann. „Ich kann nicht mit ihm darüber reden."

„Du tust es bereits."

Heinrich schaute den Mann neben sich entgeistert an.

Der nickte und wiederholte noch einmal: „Du sprichst schon mit ihm. Und er verurteilt dich nicht."

Der junge Mann starrte in das Gesicht des Fremden. „Wer bist du?", brach es aus ihm hervor. In den Augen des Fremden fand er eine Wärme, die ihn an das gütige Gesicht seiner verstorbenen Mutter erinnerte.

„Ich bin der, der sich all die Jahre nach dir gesehnt hat, mehr noch als du nach mir. Unsere Freundschaft besteht noch, Heinrich, und ich bin gekommen, um dich wieder neu einzuladen."

Da brach der junge Mann schluchzend zusammen. Der König nahm die Zügel und gab ihm Zeit.

Inzwischen waren sie beim Gutshof angekommen. Der König stieg ab, um das Tor zu öffnen.

„Wie viele Säcke bekommen sie?", fragte er.

„Zwei", meinte Heinrich.

„Magst du mit reinkommen, oder willst du lieber draußen warten?"

„Ich komme mit, es geht schon."

Wieder staunte Heinrich, dass sein Begleiter auch diese Leute gut zu kennen schien. Als der Gutsherr auf dem Hof erschien, umarmten sich die beiden Männer wie gute Freunde. Heinrich stand dabei und dachte an die Worte, die er eben gehört hatte:

„Unsere Freundschaft besteht noch, Heinrich."

Da hörte er seinen Begleiter zum Gutsherrn sagen: „Und das hier ist auch ein Freund von mir, Heinrich."

Der Gutsherr gab Heinrich die Hand und lächelte ihn freundlich an. „Wir kennen uns schon, nicht wahr?" – und zu Heinrichs Begleiter gewandt: „Der junge Mann bringt uns jede Woche unser Mehl. Aber dass auch er einer deiner Freunde ist, habe ich leider bisher nicht gewusst." Er wandte sich wieder Heinrich zu: „Umso schöner, dich jetzt kennen zu lernen."

Heinrich wollte etwas entgegnen, doch da meinte sein Begleiter, er hätte kurz noch etwas mit dem Gutsherrn zu besprechen, Heinrich möge doch kurz draußen warten.

Als sie auf dem Rückweg zur Stadt waren, sagte Heinrich plötzlich: „Bist du wegen mir hier her gekommen?"

Der König nickte. „Ich suchte eine Möglichkeit, um mit dir wieder ins Gespräch zu kommen."

Heinrich war sichtlich bewegt. „Und dafür schuftest du einen Tag lang für den fetten Wanst?"

„Wie hätte ich denn sonst den Weg zu dir und zu deinem Herzen finden können?"

Heinrich schwieg einen Moment, dann meinte er:

„Aber warst du nicht schockiert, was du von mir zu hören bekamst? Bist du nicht zornig auf mich?"

„Hast du den Eindruck, dass ich zornig auf dich bin, Heinrich?"

Der schüttelte den Kopf: „Nein, gar nicht. Aber ich hätte mir nie getraut, im Gebet all das zu sagen, was ich vorhin rausgelassen hab."

Der König nickte: „Genau, deshalb bin ich froh, dass du nicht ‚gebetet' hast, sondern dass wir ganz normal miteinander gesprochen haben."

Heinrich wirkte etwas verwirrt: „Ist Beten denn nichts Gutes?"

„Doch, doch", entgegnete der König, „aber viele Menschen haben etwas daraus gemacht, was gar kein Gespräch mit mir mehr ist. Ich wünsche mir keine frommen Phrasen, sondern einen ehrlichen Austausch von Herz zu Herz, so wie deine aufrichtigen Worte vorhin."

Das war neu für Heinrich, wohltuend neu.

„Möchtest du umziehen?", fing der König wieder an.

„Umziehen? Wohin denn?"

„Zu den beiden Frauen, die gegenüber der Mühle wohnen? Sie könnten deine Mutter und Großmutter sein und würden sich freuen, dich zu umsorgen."

„Aber die haben doch selber nichts", entgegnete Heinrich.

Der König nickte: „Das ist ein Geheimnis, Heinrich, aber es funktioniert. Du wirst sehen. – Und noch was, ich habe mit dem Gutsbesitzer gesprochen, der könnte dich in der Verwaltung gebrauchen. Nächste Woche könntest du anfangen – wenn du willst, natürlich."

„Und ob ich will."

„Du könntest dir wieder etwas ansparen, um dann zu Ende zu studieren."

Der König schaute Heinrich ins Gesicht. Der riss die Augen auf:

„Studieren? Theologie studieren? Jetzt noch, nach allem, was war?"

„Gerade jetzt nach allem was war", entgegnete der König. „Jetzt, wo du mich kennenlernst, wie ich wirklich bin. Wenn mein *Freund* den Menschen von mir erzählt, sie ermutigt in meinem Namen, sie zur Freundschaft mit mir einlädt, dann ist das etwas anderes, als wenn man nur studiertes Wissen weitergibt."

„Du glaubst, ich könnte …", stammelte Heinrich, worauf der König erwiderte: „Ich habe nie aufgehört, an dich zu glauben."

Von diesem Tag an war die abendliche Runde im Hause der Familie Ellinger noch größer als bisher. Nicht nur Heinrich gehörte von nun an dazu, er brachte ab und zu sogar die beiden Damen mit, bei denen er wohnte.

Nur ein Problem gab es: sieben Kinder, die alle auf dem Schoß des Königs sitzen wollten. Es gab eine genaue Reihenfolge, wer nacheinander an der Reihe war.

„Heute bin ich dran", verkündete am Samstagabend Jakob, der älteste Sohn des Kaufmanns.

„Ooooch", maulte Elisabeth, und auch die anderen machten ein trauriges Gesicht.

„Das wird besser, wenn ich wieder weg bin", sagte da plötzlich der König.

„Was, du gehst wieder weg?", riefen alle durcheinander.

Der König nickte. „Aber das wird gut sein. Dann könnt ihr wieder alle gleichzeitig auf meinem Schoß sitzen." Dabei zwinkerte er auch zu den Erwachsenen hinüber.

„Was meinst du, wie geht das?", fragte Elisabeth.

Der König wandte sich ihr zu: „Jetzt kann immer nur eines von euch auf meinem Schoß sitzen, die anderen müssen warten. Auch besuchen kann ich euch nicht alle gleichzeitig. Jetzt bin ich hier und kann nicht zur selben Zeit beim Türmer sein oder im Gutshof."

Elisabeth nickte.

„Aber wie war es denn, bevor ich kam? Da hast du, Elisabeth, immer abends vor dem Einschlafen mit mir gesprochen. Darauf hab ich mich schon jeden Tag gefreut."

Das Mädchen strahlte.

„Aber zur gleichen Zeit", fuhr der König fort, „saßen deine Eltern im Wohnzimmer zusammen und haben sich mit mir unterhalten. Bei ihnen war ich auch. Und auch bei deiner Großmutter, die um die gleiche Stunde mich fragte, ob es euch gut geht. Ich versicherte ihr, dass ich mich um euch kümmere und sie sich nicht sorgen muss."

Elisabeth war ganz aufgeregt: „Du hast mit Großmutter gesprochen? Sagst du ihr und Großvater einen Gruß von uns?"

Nun kamen die Fragen von allen Seiten: „Warst du auch bei mir? Hast du auch mit mir gesprochen?"

Der König lächelte: „Ja. Und so wird es auch sein, wenn ihr mich nicht mehr seht. Mit jedem von euch kann ich dann wieder den ganzen Tag zusammen sein. Mit jedem von euch mich den ganzen Tag unterhalten."

„Aber können wir dich dann nie wieder sehen?"
Die Kinder machten traurige Gesichter.

Da wandte sich der König an den Vater: „Dazu wolltest du doch heute Abend etwas erzählen, nicht wahr?"

Vater räusperte sich. „Ja, ich wollte euch heute etwas über den dritten Advent erklären. Wie war der Name des ersten Adventssonntages?"

„Erdenadvent", rief Johann.

„Und welches Kommen des Königs feierten wir da?", wollte Vater wissen.

„Als er auf die Erde als kleines Kind kam." Auch das wusste Johann.

„Am zweiten Advent ging es um unser Herz. Das ist der Ort, wo der König jetzt wohnen möchte, darum hat dieser Sonntag den Namen …"

„Herzensadvent!", rief Johann wieder. Der König freute sich und nickte.

„Der dritte Advent nun", fuhr Vater fort, „heißt ‚BRAUTADVENT'. Auch da geht es darum, dass der König kommt, dass er *wiederkommt*."

Er schaute zum König hinüber, der über das ganze Gesicht strahlte und ergänzte: „Ich gehe nicht für immer weg. Ich komme wieder und hole euch ab."

„Wohin holst du uns? In dein Schloss? Hast du da Platz für uns alle?", sprudelte es aus Elisabeth heraus.

Der König nickte: „Ganz viele Wohnungen habe ich da, für jeden von euch ein besonderes Zimmer. Jedes Zimmer ist anders. In Vaters Zimmer gibt es Musikinstrumente, und alle Lieder, die er sich für mich ausgedacht hat, sind dort."

„Auch in Mutters Zimmer gibt es Lieder, die haben einen Ehrenplatz auf einem goldenen Notenpult, und feine Tanzschuhe liegen daneben."

Mutter wusste nicht, was sie sagen sollte. „Aber ..., aber, das sind doch nur ganz einfache Lieder, die ich vor mich hin singe, wenn ich koche. Sie sind nicht so schön wie die Lieder meines Mannes. Diese Lieder kommen mir einfach so, und dann hab ich sie auch schon wieder vergessen."

„Aber sie berühren mein Herz", sagte der König. „Sie sind mir sehr, sehr wertvoll und ich habe kein einziges von ihnen vergessen."

„Und dass ich manchmal tanze, wenn ich allein bin, das siehst du auch?"

Der König schaute sie liebevoll an: „Auch damit berührst du mein Herz. Und: Ich tanze selber auch sehr gerne."

Nun wollten auch die anderen wissen, was denn in ihrem persönlichen Raum beim König zu finden sei. Er sagte nur: „Jeder von euch hat ein persönliches Geheimnis mit mir, etwas, das ich nur mit ihm oder ihr teile. Bei jedem von euch freue ich mich über etwas anderes, und zu jedem von euch ist meine Freundschaft besonders und anders als bei den anderen. Und genau das werdet ihr in eurem Raum wiederfinden. Bei dir", der König legte dem Kaufmann den Arm um die Schulter, „hat es etwas mit einem kleinen Schatzkästchen zu tun, über das wir diese Woche gesprochen haben, nicht wahr."

Der Kaufmann lächelte und ergänzte: „Doch das ist unser Geheimnis", und der König nickte und lächelte ebenfalls. „Aber dann kann ja wieder nur einer von uns mit dir zusammen sein", warf Johann plötzlich ein. „Bist du bei Elisabeth im Zimmer, dann sitz ich da und hab Langeweile."

Der König lachte und schüttelte den Kopf: „Nein, ich kann dann immer mit euch allen gleichzeitig zusammen sein und auch ihr werdet viel Spaß miteinander haben und trotzdem hab ich für jeden von euch den ganzen Tag Zeit. Ihr könnt euch das noch nicht vorstellen, aber in meinem Schloss geht das."

„Wann holst du uns?", wollten jetzt andere wissen. „Am besten, du nimmst uns gleich mit."

„Das würde ich am liebsten tun", antwortete der König, „aber wir müssen schon noch etwas Geduld haben. Doch ihr sollt wissen, dass auch ich es kaum erwarten kann."

Johann hatte noch eine Frage: „Warum heißt der Sonntag dann Brautadvent?"

„Weil es wie ein großes Hochzeitsfest sein wird", antwortete der König, „Wenn es soweit ist, werdet ihr wissen, was ich meine." In seinen Augen blitzte etwas, das sie so noch nie gesehen hatten. Dann wandte er sich wieder an den Vater. „Wolltest du nicht dazu noch etwas über die Kantate erzählen?"

Vater begann: „Morgen werden wir einen besonderen Gottesdienst haben, denn da werden wir die Kantate ‚Wachet auf, ruft uns die Stimme' aufführen.[10] Darin geht es genau um das, was der König gerade erzählt hat. Da ist von Wächtern auf der Stadt-

---
10 Kantate von Johann Sebastian Bach (1685-1750), BWV 140

mauer die Rede, die von weitem den König wiederkommen sehen, die dann laut rufen und die Fanfaren blasen, damit alle Freunde des Königs es hören und ihm entgegen gehen können, so wie Johann und Elisabeth letzte Woche es taten. Dann wird große Freude sein. Die schönste Stelle in der Kantate ist für mich ein Duett. Da singt die Freundin des Königs: ‚Wann kommst du, mein Heil' und der König antwortet ‚Ich komme, dein Teil', und zusammen singen sie: ‚Ich komme, ich warte'."

Alle schauten zum König hin, der nickte: „Ja, ich warte, und ich freue mich schon so sehr auf euch, auf alle meine Freunde!"

An diesem Abend bestand Elisabeth darauf, dass der König noch einmal an ihr Bett kam. „Ich freu mich schon so sehr darauf, wenn du uns holst! Ich werde jeden Tag am Stadttor nachschauen. Erzähl mir noch ein bisschen von deinem Schloss", bettelte sie. Das tat der König gerne, und er sprach auch noch, als Elisabeth schon längst eingeschlafen war.

Am nächsten Morgen war die Kirche voller Menschen, die besonders wegen der Kantate gekommen waren. Als der König mit seinen Freunden durch das Portal trat, zupfte Elisabeth ihn am Ärmel und zeigte auf das große Plakat an der Wand. „Ist das der Spruch für den dritten Advent? Kannst du ihn mir vorlesen?"

Der König blieb stehen und las: „Ich will euch wiedersehen und euer Herz wird sich freuen und eure Freude soll niemand von euch nehmen. Johannes 16, Vers 22."

Elisabeth und der König schauten einander an. „Das passt ja", meinte sie. „Das ist genau, was du gestern Abend gesagt hast."

Der König lächelte und nickte.

Man hatte die Kirche zu diesem besonderen Anlass schon weihnachtlich geschmückt. Außen an jeder Bankreihe brannte eine Kerze und vorn neben dem Altar standen zu beiden Seiten prächtig geschmückte Weihnachtsbäume. Elisabeth saß auf dem Schoß des Königs und schaute mit glänzenden Augen in die Pracht. Doch plötzlich drehte sie sich um und setzte sich anders herum auf seinen Schoß. „Was ist mit dir?", fragte er, „willst du nicht all die Lichter sehen und deinen Papa, wenn er dirigiert?"

„Doch", antwortete Elisabeth, „aber dann kann ich dein Gesicht nicht sehen."

Der König drückte bewegt das Mädchen an sich, und so blieb sie sitzen, auch als die ersten Töne der Kantate erklangen. Sie hatte die Augen geschlossen, hörte auf die Musik und zur gleichen Zeit auf den ruhigen Schlag seines Herzens.

Nun kam das Stück, von dem Vater erzählt hatte. „Wann kommst du, mein Heil", sang eine helle Frauenstimme und eine Männerstimme antwortete: „Ich komme, dein Teil".

Eine Geige spielte dazu eine wunderschöne, sehnsuchtsvolle Melodie. Plötzlich hörte Elisabeth das Herz des Königs schneller und schneller schlagen. Sie hob den Kopf und schaute ihn an. Er hatte die Augen geschlossen, doch in seinem Gesicht bewegte sich etwas. Nun öffnete auch er die Augen und schaute das Mädchen an.

„Was ist mit dir?", fragte Elisabeth leise.

Da beugte er sich ganz nah an ihr Ohr und flüsterte: „Ich freue mich schon sehr so auf euch! Ich kann es kaum erwarten!"

Am Nachmittag dieses dritten Advents gab es noch etwas Besonderes. Der Gutsherr hatte den König mit all seinen Freunden eingeladen. Sie hatten sich am Stadttor getroffen und liefen nun gemeinsam hinaus zum Gutshof. Vater und der König gingen voran und unterhielten sich.

„Ich möchte dir noch einmal ganz herzlich Danke sagen für die wunderschöne Kantate. Damit hast du mir ein besonderes Geschenk gemacht", sagte der König. „Aber genauso will ich dir danken, dass du in den Proben den Musikern den Inhalt der Kantate erklärt und ihr Herz für mich ein bisschen geöffnet hast."

Vater schaute den König an: „Woher weißt du das? Du warst doch bei den Proben nie dabei?" Doch der König lächelte nur verschmitzt.

Hinter dem Vater lief der Kaufmann mit seinen Kindern. In einem Schlitten warm eingepackt schob er die beiden Säuglinge vor sich her: Sophia Ellinger und seine eigene Tochter. Noch immer hatte sie keinen Namen. Alle nannten sie nur „Prinzessin". Plötzlich kam ihm ein Gedanke, und als der König sich zu ihm umwandte, sprach er: „Mich bewegt gerade etwas." Der König kam zu ihm: „Was bewegt dich?"

Der Kaufmann zeigte auf sein schlafendes Töchterlein im Schlitten und sagte: „Vor etwas mehr als einer Woche ereilte mich mit ihr der schlimmste Schicksalsschlag meines Lebens. Doch mitten in dieser Finsternis ist mir das Beste meines Lebens widerfahren. Ohne sie und den Tod meiner Frau hätte ich dich vielleicht nie kennen gelernt. Deine Freundschaft bedeutet mir mehr als alles andere. Darum ist dieses Mädchen eigentlich ein besonderes Geschenk, und aus diesem Grunde würde ich sie gern Dorothea nennen."

Der König freute sich und er schlug vor, diesen Anlass gleich heute Nachmittag mit zu feiern.

Im Gutshof war alles festlich geschmückt. Überall brannten Kerzen, es gab Weihnachtsgebäck und Bratäpfel. Viele Leute waren gekommen. Der König stand auf und hielt eine kleine Rede.

„Meine lieben Freunde, meine Kinder alle! Herzlich willkommen zu diesem besonderen Familientreffen! Danke an den Gutsherrn und seine Frau. Ihr habt euer Haus für mich und all meine Freunde geöffnet und diesen Nachmittag möglich gemacht. Danke auch an jeden, der gekommen ist. Manche von euch sind schon seit vielen Jahren mit mir befreundet, andere sind erst letzte Woche meine Freunde geworden. Heute Nachmittag habt ihr die Gelegenheit, einander kennenzulernen. Sprecht miteinander, ihr Kinder spielt miteinander und denkt daran: jeder von euch ist etwas Besonderes in meinen Augen."

Der König schaute in die Runde. „Jeder von euch ist mein persönlicher Freund. Das jüngste Glied unserer Familie möchte ich euch jetzt persönlich vorstellen."

Der König beugte sich zum Kaufmann, der ihm seine Tochter reichte. Der König hob das winzige Mädchen empor, so dass alle es sehen konnten und verkündete feierlich: „Das ist meine Prinzessin Dorothea Albrecht."

Es war, als hätte er dies auch in Räume hinein gesprochen, die jenseits der Mauern des Gutshauses lagen. Alle klatschten und jubelten Dorothea zu, die erschrocken den König anblickte. Der aber drückte ihr einen Kuss auf die Stirn und sprach: „Willkommen im Leben, meine Prinzessin Dorothea!" Dann gab er sie an ihren Vater zurück und wandte sich noch einmal an alle:

„Und nun lasst uns essen und feiern und die Gemeinschaft genießen. Ich fühle mich richtig zu Hause bei euch."

Das Gutshaus war von fröhlichem Stimmengewirr, von Kaffeeduft und Kinderlachen erfüllt. Man setzte sich mal zu dem einen, sprach mit jenem, nebenan spielten die Kinder und mitten darin strahlte der König über das ganze Gesicht.

Später kamen alle zusammen, um zu singen. Man konnte sich Lieder wünschen. Vater saß am Klavier, auch andere Instrumente waren da, und so schallte das frohe Singen durch die altehrwürdigen Räume des Gutshauses. Mitten darin saß Heinrich. Er fühlte sich so froh, wie schon lange nicht mehr. Freilich gab es noch etliche offene Fragen, noch manchen wunden Punkt in seinem Herzen, doch darüber würde er mit dem König reden können, so oft er wollte.

Der letzte Ton des Liedes war verklungen, da stand Heinrich auf. „Ich habe auch einen Wunsch. Dürfen es auch nur einzelne Strophen sein?"

„Natürlich!" Vater nickte.

„Dann hätte ich gerne, dass wir die Strophen 3-5 vom Lied ‚Wie soll ich dich empfangen' singen. Die gehen mir nicht mehr aus dem Kopf, seit mich der König vor ein paar Tagen in der Mühle besucht hat."

Der König trat neben Heinrich an den Kamin, und so sangen sie alle:

> *Was hast du unterlassen*
> *zu meinem Trost und Freud,*
> *als Leib und Seele saßen*
> *in ihrem größten Leid?*
> *Als mir das Reich genommen,*
> *da Fried und Freude lacht,*
> *da bist du, mein Heil, kommen*
> *und hast mich froh gemacht.*
>
> *Ich lag in schweren Banden,*
> *du kommst und machst mich los.*

Ich stand in Spott und Schanden,
du kommst und machst mich groß
und hebst mich hoch zu Ehren
und schenkst mir großes Gut,
das sich nicht lässt verzehren,
wie irdisch Reichtum tut.

Nichts, nichts hat dich getrieben
zu mir vom Himmelszelt
als das geliebte Lieben,
damit du alle Welt
in ihren tausend Plagen
und großen Jammerlast,
die kein Mund kann aussagen,
so fest umfangen hast.

Vierter Advent

Königsadvent

In der Woche nach dem dritten Advent gab es eine große Überraschung: Mit dem Postschlitten war ein Paket von den Großeltern gekommen. Darin fanden sich einige liebgewordene Sachen, die die Familie hatte zurück lassen müssen: Bilderbücher, eine Puppe, Kleidungsstücke, die Blockflöten und Mutters Geige. Nun konnten sie wieder miteinander musizieren. Zwischen all den Sachen fanden sich aber auch Nüsse, Korinthen, Honig und Mandeln. „Nun können wir sogar für Weihnachten backen", verkündete Mutter.

Während sie den Teig vorbereitete, machte der König mit den Kindern einen Spaziergang durchs Städtchen. Sie bummelten über den Weihnachtsmarkt und Johann erzählte stolz, dass er beim Aufbau der Buden geholfen habe. Als sie in die Hauptstraße einbogen, sagte der König: „Lasst uns zur Bäckerei gehen und ein Brot kaufen."

„Aber Mutter hat erst gestern Brot gebacken", meinte Johann.

„Das Brot ist auch nicht für euch", antwortete der König. „Ich möchte es den beiden Frauen an der Mühle schenken, die so bereitwillig Heinrich aufgenommen haben, obwohl sie selbst nicht viel besitzen. Sie sollen dafür umso mehr gesegnet sein."

Und so betrat die kleine Gesellschaft den Bäckerladen. Die rundliche Frau hinter der Theke staunte über den Mann mit den vielen Kindern. War das nicht der neue Knecht des Müllers? Da trat Elisabeth vor und sagte zu ihr: „Ich hab dir doch gesagt, der König kommt. Da ist er."

Die Bäckersfrau lachte: „Und du bist die kleine Prinzessin, nicht wahr? Bis Fastnacht ist es noch eine Weile, mein Kind. Jetzt haben wir erst einmal Advent." Und zum König gewandt meinte sie: „Die Kinder haben ja solch eine blühende Fantasie!"

Doch der König blieb ernst. „Advent hat aber doch mit dem Kommen des Königs zu tun, nicht wahr", sagte er freundlich.

Die Bäckersfrau schüttelte den Kopf. „Der König reist nicht gern im Winter, und unser Städtchen hat er noch nie besucht", sagte sie.

„Nicht diesen König meine ich", antwortete er, „sondern den, von dem die Adventslieder singen. ‚Macht hoch die Tür, die Tor macht weit', wissen Sie? Dieser König will kommen."

„Ach was, das ist lange her, als er kam", gab sie zurück. „Mit unserer Zeit hat das nichts mehr zu tun."

„Sprechen Sie nicht mit ihm, wenn Sie in der Kirche singen und beten?"

Die Bäckersfrau war nachdenklich geworden. „Sie meinen, mit dem da oben kann man richtig reden?"

„Sie tun es bereits", antwortete er. „Kennen Sie den Bibelvers ‚Siehe, ich stehe vor der Tür und klopfe an …?'"

Sie nickte.

„Er möchte auch zu Ihnen kommen und wartet, ob Sie ihm öffnen."

„Wie soll das gehen?", fragte die Bäckersfrau.

„Sie können die letzte Strophe dieses Liedes benutzen, um die Einladung auszusprechen:

‚Komm, o mein Heiland Jesus Christ,
meins Herzens Tür dir offen ist …'

Und dann wird er kommen, zu Ihnen. Und nun würden wir gern ein Dreipfundbrot kaufen."

Als der Laden wieder leer war, schaute die Bäckersfrau lange Zeit vor sich hin. Sie hatte über vieles nachzudenken.

Am Abend wurden die kleineren Kinder zu Bett gebracht, aber Johann und Elisabeth durften ausnahmsweise noch ein bisschen wach bleiben und beim Formen der Lebkuchen helfen. Plötzlich hatte Elisabeth eine Idee: „Darf ich einen Lebkuchen für den König machen?"

„Was möchtest du denn machen?", fragte Mutter.

„Ein Herz, weil ich ihn so mag."

Und so versuchte sie, ein Herz zu formen. Es war gar nicht so einfach. Doch schließlich war sie zufrieden und Mutter versprach, das Herz mit den anderen Lebkuchen zu backen.

Am nächsten Morgen war die Wohnung noch immer vom Duft des Gebackenen erfüllt. Erstaunt kam der König mit den Kindern des Kaufmanns zur Tür herein. „Bei euch riecht es aber gut", sagte er, während er Klein Dorothea in die Wiege legte.

Elisabeth lief zu ihm. „Ich hab für dich auch was gemacht", kündigte sie mit leuchtenden Augen an. Dann lief sie zu ihrer Mutter, erbat das fertig gebackene Herz und zeigte es dem König. Doch noch bevor der etwas sagen konnte, meinte Johann: „Die eine Hälfte ist aber viel kleiner als die andere. Das sieht ganz schief aus."

Jetzt sah Elisabeth es auch. O weh! Ihre Augen füllten sich mit Tränen und sie versteckte das Herz hinter ihrem Rücken.

Der König aber streckte seine Hand aus und bat um das Herz. Dann legte er es auf seine Brust und sagte: „Das ist das schönste Herz, das ich je gesehen habe, denn meine kleine Freundin Elisabeth hat es extra für mich gemacht. Ich glaube, ich werde es nicht aufessen, sondern es wird einen Ehrenplatz in Elisabeths Raum in meinem Schloss bekommen."

Elisabeths Gesicht erhellte sich. Nun fand sie ihr Herz auch wieder wunderschön.

Später an diesem Tag hatte Elisabeth sich allein in eine Ecke zurückgezogen und war eifrig mit etwas beschäftigt. Plötzlich hörte man sie schluchzen. Der König schaute nach ihr und sah, was passiert war. Das Herz war zerbrochen.

„Ich wollte ein Loch hinein machen und ein Band hindurch ziehen, damit du es um den Hals hängen kannst", schluchzte Elisabeth. Der König hob sie auf seinen Schoß.

„Ich habe eine Idee", sagte er. Nun bohrte er in jede Hälfte des Herzens ein Loch und zog durch jedes ein Band. Dann hängte er die eine Hälfte um seinen eigenen Hals und die andere hängte er Elisabeth um.

„Nun sieht jeder, dass wir zusammen gehören", meinte er lächelnd. Heute Abend möchte ich allen etwas dazu erklären.

In der Dämmerung saßen alle wieder um den Tisch, an dem nun bereits die dritte Kerze leuchtete. Auch Heinrich war wieder gekommen. Nachdem sie gesungen hatten, sagte der König: „Ich habe heute etwas besonderes erlebt, von dem ich euch gern erzählen möchte." Alle Blicke waren gespannt auf ihn gerichtet.

„Ich bekam heute etwas ganz besonderes geschenkt", sagte er und hob das halbe Herz an seinem Hals in die Höhe, so dass alle es sehen konnten. Dann erzählte er von Elisabeths Missgeschick und seiner Idee, aus dem zerbrochenen Herzen ein Geschenk für beide zu machen. Er bat Elisabeth aufzustehen, und ihre Herzhälfte zu zeigen.

Dann sagte er: „Dieses zerbrochene Herz wird Elisabeth und mich nun für immer verbinden. Wir gehören zusammen, so wie diese beiden Herzhälften zusammen gehören, und wenn ich wiederkomme, um euch zu holen, dann kannst du sicher sein, Elisabeth, dass ich dieses besondere Herz um meinen Hals tragen werde."

Elisabeth lief zum König, der sie auf seinen Schoß nahm.

Dann schaute der König in die Runde. „Für euch alle ist darin eine wichtige Botschaft verborgen", begann er wieder. „Jeder von euch hat Zerbrochenes in seinem Leben, nicht wahr?"

Des Königs Blick blieb an Heinrich hängen. „Elisabeth hat ihr zerbrochenes Herz nicht vor mir versteckt, sondern sie gab es in meine Hände, so dass ich etwas Kostbares für uns beide daraus machen konnte, das uns für immer tief miteinander verbinden wird, versteht ihr?" Alle nickten.

„Ich möchte, dass ihr mit euren zerbrochenen Herzen auch zu mir kommt und mir erlaubt, etwas Besonderes daraus zu machen."

Gegen Ende der Woche sagte der König eines Abends: „Ich würde mich gerne morgen um die Mittagszeit mit euch allen am Stadttor treffen."

Keiner fragte ihn, warum, aber sie ahnten es.

Am nächsten Tag waren sie alle da: der Türmer mit seiner Frau, die beiden Damen und Heinrich, der bei ihnen wohnte, der Kaufmann mit seinen Kindern und Familie Ellinger. Auch die Gutsleute mit ihrem Gesinde waren gekommen, und all die anderen, die der König seine Kinder nannte.

Er stand in ihrer Mitte und sprach aus, was sie befürchtet hatten: „Ich muss mich heute von euch verabschieden, aber ich möchte nicht, dass ihr traurig seid. Denkt daran, wenn ihr mich nicht mehr seht, werde ich umso näher bei euch sein können, bei jedem einzelnen, überall. Wir können miteinander sprechen, so wie in den Tagen jetzt auch, nur werdet ihr meine Stimme in eurem Inneren vernehmen. Ich werde euch überall hin begleiten. Niemals werdet ihr allein oder hilflos sein. In jeder Situation könnt ihr mit mir rechnen. Unsere Freundschaft wird bestehen bleiben bis zu dem Tag, an dem ich wiederkomme und euch abhole. Freut euch darauf, so wie ich mich freue. Eure Freundschaft, eure Liebe bedeutet mir mehr als alles andere. Darum habe ich einen großen Wunsch an euch."

„Was ist dein Wunsch? Wir wollen ihn so gern erfüllen", riefen einige.

Der König lächelte. „Mein Wunsch ist, dass wir unsere Freundschaft pflegen, so wie in diesen Tagen auch, dass wir viel miteinander sprechen, Dinge zusammen tun, den Alltag miteinander leben, dass ihr als meine Kinder auf meinem Schoß sitzt und wir einfach Zeit zusammen genießen. Es würde mir wehtun, wenn ihr nur noch *für* mich arbeiten würdet statt alles, was ihr tut, *mit* mir zu tun. Ich genieße eure Freundschaft, euch selbst. Das ist mir das Wichtigste."

Die Freunde des Königs standen dicht um ihn gedrängt. Er schaute sich um.

„Ihr seid meine große Familie", sagte er dann. „Trefft euch, so oft ihr könnt und pflegt auch eure Freundschaft untereinander. Ich werde in eurer Mitte sein. Geht so miteinander um, wie ihr es an mir gesehen habt und wie es Kindern des Königs entspricht."

Mutter Ellinger und die Gutsherrin, die neben ihr stand, schauten einander an und jede dachte bei sich: „Sie hat etwas von der Wärme des Königs in ihren Augen."

„Noch einen weiteren Wunsch habe ich", fing der König wieder an. „In dieser Stadt gibt es noch viele Menschen, die ich auch gerne als meine Freunde hätte. Auch für jeden von ihnen habe ich einen persönlichen Raum in meinem Schloss vorbereitet, sogar für den Müller. Es wäre traurig für mich, wenn diese Räume leer blieben. Erzählt ihnen, dass ich gerne ihr Freund sein möchte. Ich sage euch, jedes Mal, wenn einer mir die Tür seines Herzens öffnet, werde ich ein Freudenfest in meinem Schloss feiern!"

Und zu Mutter Ellinger gewandt sagte er: „Es wäre schön, wenn du mit der Bäckersfrau ins Gespräch kommen könntest. Sie ist schon dabei, ihr Herz zu öffnen."

Dann setzte sich die Gruppe in Bewegung. Wenigstens bis zum Gutshof wollten sie ihren besten Freund begleiten. Zwar spürten sie, dass es ein Einschnitt war. Und doch war nicht wirklich Trauer in ihnen. Es würde ja weiter gehen, anders, noch persönlicher als jetzt. Schon auf dem Rückweg würden sie wieder mit ihm sprechen können und er mit ihnen.

Unterwegs musste Johann den König aber noch etwas fragen: „Wenn du wiederkommst, werden dann alle Leute erkennen, dass du der König bist? Kommst du dann mit Krone und Kutsche?"

Der König lächelte seinem kleinen Freund zu: „Ja, ich werde wiederkommen, um als König zu regieren. Alle Menschen werden dann sehen, wer ich bin. Aber für die, die nicht meine Freunde werden wollten, wird das sehr traurig sein. Sie werden dann erkennen, was sie verpasst haben, darum erzähl ihnen von mir, Johann, damit sie sich freuen können, wenn ich komme. Ich bin der König aller Könige. Wenn ich wiederkomme, um zu regieren, dann wird alles Böse für immer verschwinden. Dann wird niemand mehr krank sein, niemand muss mehr weinen oder Angst haben und auch sterben wird niemand mehr. Dann werdet ihr für immer mit Großvater und Großmutter zusammen sein und du darfst dann mit mir regieren."

Johann staunte. „Erzähl mir noch mehr davon", bettelte er.

„Dein Vater wird euch am Samstagabend davon erzählen, denn der vierte Advent ist der „KÖNIGSADVENT".

Am Gutshof angekommen nahm der König sich Zeit, noch einmal jeden Einzelnen zu umarmen und ihm ein persönliches Wort der Wertschätzung und Dankbarkeit oder der Ermutigung zu sagen. Danach wandte er sich an alle: „Tut das füreinander auch. Ermutigt einander, sprecht Gutes übereinander aus."

Dann nahm er die Leine seines Esels und wandte sich zum Gehen. „Komm bald wieder!", riefen sie.

Auf der Anhöhe blieb er ein letztes Mal stehen und drehte sich um. Sie winkten einander. Plötzlich hob der König das halbe Herz am seinem Hals in die Höhe und zeigte darauf. Elisabeth hob ebenfalls ihr halbes Herz so hoch sie konnte. So würde er wiederkommen, dachte sie, mit ihrem Herzen um den Hals.

Nun war der König hinter dem Hügel verschwunden. Die Gruppe machte sich auf den Heimweg. Zuerst redete keiner ein Wort, doch nach und nach begannen sie, einander von dem mitzuteilen, was ihr Herz bewegte.

Elisabeth schob ihre kleine Hand in die des Vaters.

„Weißt du, was er gerade zu mir gesagt hat?", fragte sie. Der Vater beugte sich zu seiner Tochter hinunter: „Wer hat was zu dir gesagt?"

„Der König!", antwortete sie. „Er hat gesagt, dass er uns sooooo sehr lieb hat und dass er jetzt bei uns ist, wenn wir nach Hause gehen."

Vaters Gesicht strahlte und er nickte.

Elisabeth war es ganz warm ums Herz, denn sie wusste: der König war ja gar nicht wirklich weg. Nur sehen konnte sie ihn nicht mehr. Darum flüsterte sie zurück: „Ich hab dich auch lieb!"

Birgit Minichmayr

Weihnachten mit Pauli
20 Schäfchengeschichten für Kinder ab 3 Jahren

Weihnachten kommt immer näher. Auch die Schäfchenfamilie spürt das, Pauli ist schon ganz aufgeregt, und der gute Hirte Florian hat eine Überraschung vorbereitet! Die Fortsetzung der Pauli-Geschichten! Zum Vorlesen und Lesen. Ein Buch für die Kleinen. Mit vielen Illustrationen. Auch als Hörbuch erhältlich.

Buch 52 50115　　　　　　　Hörbuch 52 00115
ISBN 978-3-86773-163-8　　　EAN 40 45027 00115 5

cap-books • 72221 Haiterbach-Beihingen • Tel.: 07456-9393-0 • info@cap-music.de
www.cap-books.de

Heiko Bräuning/Reinhard Börner/Immanuel Heims

Shalom über Israel
Spurensuche im Heiligen Land. Impressionen, Impulse und Begegnungen.

13 gut lesbare und alltagstaugliche Kurzpredigten zu 13 biblischen Texten. Lebensnah, ermutigend, treffend. Passend zu den Fernsehgottesdiensten von „Stunde des Höchsten". Entstanden bei einer Israelreise an den Originalschauplätzen im Heiligen Land. Jede Impulspredigt wird ergänzt mit fünf Fragen – perfekt für Hauskreise, Predigten und zum persönlichen Nachdenken. Auf der beigefügten DVD sehen Sie eindrucksvolle Landschaftsaufnahmen, unterlegt mit Musik von Michael Schlierf und Reinhard Börner. Ergänzt werden die Filme von einer Diaschau mit 150 Bildern aus Israel.

Buch mit DVD 52 50491
ISBN 978-3-86773-201-7